Annette et Roger Ralle

Un petit monde en Coquillages

Éditions Didier CARPENTIER

A Laurine, Yohann, Titouan et Élise

Ô mers, ô volières de ma Mémoire !
Les Complaintes, Complainte du pauvre chevalier-errant
JULES LAFORGUE (1860-1887)

Les modèles présentés dans ce livre ont été créés
et construits par les auteurs.
Certains, parmi les plus simples, ont été testés
avec succès et beaucoup d'enthousiasme par des enfants
de l'île de Noirmoutier, notamment les élèves
de la classe (CE1 à CM2) de Jean-Paul Gauthier,
directeur de l'école publique de La Guérinière.

Sommaire

Rissoïnes
Hydrobies
Phasianelle minuscule
Cérithe
Cylichna
Mangelia
Oursins pois
Nasses épaisses
Nucule nacrée
Porcelaines arctiques
Nasse réticulée
Actéons
Scalaires
Telline papillon
Bigorneau
Telline de Baltique
Porcelaines méditerranéennes
Calliostome
Cormaillot
Natice
Pied-de-pélican
Mactre épaisse
Patelle
Coque
Moule
Praire
Dosine
Pétoncle operculé
Mactre coralline
Huître
Mye
Lutraire
Lutraire oblongue

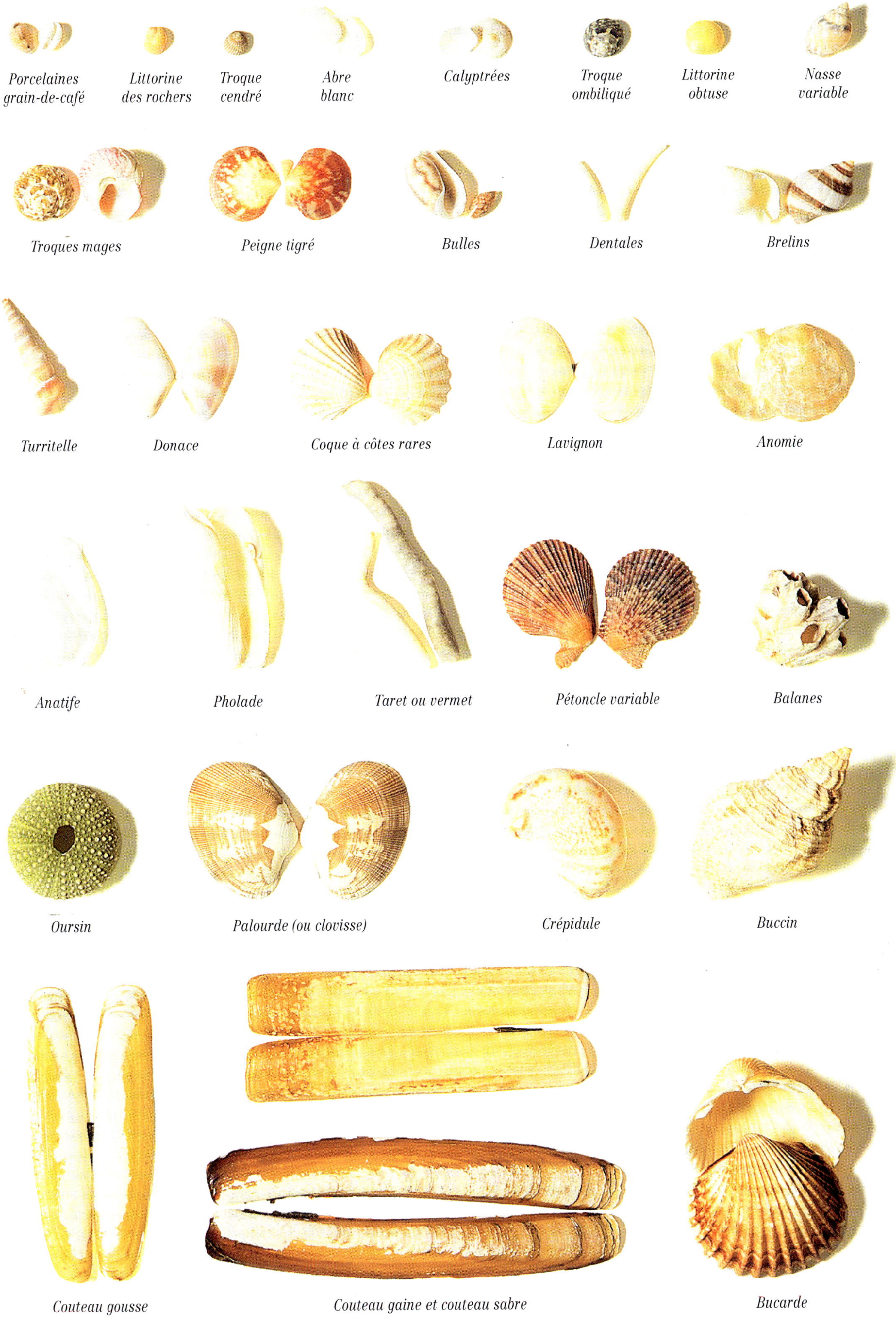
Porcelaines grain-de-café
Littorine des rochers
Troque cendré
Abre blanc
Calyptrées
Troque ombiliqué
Littorine obtuse
Nasse variable
Troques mages
Peigne tigré
Bulles
Dentales
Brelins
Turritelle
Donace
Coque à côtes rares
Lavignon
Anomie
Anatife
Pholade
Taret ou vermet
Pétoncle variable
Balanes
Oursin
Palourde (ou clovisse)
Crépidule
Buccin
Couteau gousse
Couteau gaine et couteau sabre
Bucarde

Conseils généraux

Les matériaux

Outre les coquillages présentés pages 6 et 7, que vous collecterez entiers ou en morceaux, d'autres produits de la mer vous seront utiles.

Les arêtes
Voici un matériau qui, exceptionnellement, ne sera pas ramassé sur la plage. Pour s'en procurer, il faut manger du poisson entier ou en gros morceaux.

CONSEILS POUR LA COLLECTE DES COQUILLAGES

1. *Dès que vous êtes au bord de la mer, pensez à avoir toujours avec vous un sac ou un récipient, même quand vous êtes en simple promenade.*

2. *Ramassez exclusivement les coquillages vides et qui ne dégagent pas de mauvaises odeurs.*

3. *Prenez des précautions avec les coquillages les plus fragiles : isolez-les dès que possible pour éviter qu'ils soient détériorés.*

4. *Ne négligez pas les coquillages ou même les morceaux qui ne vous inspirent pas : vous en trouverez peut-être l'utilisation plus tard.*

5. *Ne vous contentez pas des spécimens les plus gros, collectez aussi les petits. Pensez même à récupérer les coquillages minuscules au fond des récipients où vous lavez vos collectes et dans les boîtes où vous les entreposez.*

6. *Ramassez des coquillages de toutes sortes pour avoir un grand choix d'espèces, de formes, de tailles et de couleurs.*

7. *Dès que possible, lavez vos récoltes à l'eau claire, puis laissez-les sécher.*

8. *Triez vos coquillages et rangez-les par catégories dans des boîtes placées sur des plateaux afin de pouvoir les choisir facilement quand vous souhaiterez réaliser des compositions.*

Les arêtes intéressantes se trouvent plus particulièrement vers la tête de l'animal. Après le repas, récoltez les arêtes, lavez-les à l'eau avec un peu de produit à vaisselle et laissez-les sécher. Les arêtes de thon sont rectilignes mais fragiles. Les arêtes de daurade, de mulet ou de rouget sont courbes et épaisses. Les arêtes de saumon sont légèrement recourbées, fines et délicates.

Les oursins
Vous trouverez sur la plage, entiers et nettoyés par la mer, les tests d'oursins (c'est-à-dire leurs carapaces) dont vous pourrez avoir besoin. Il suffit de les traiter comme des coquillages fragiles.

Les étoiles de mer
L'étoile de mer est un animal et non une carapace. Si l'on veut éviter les mauvaises odeurs, il faut donc la laisser tremper quelques jours dans un récipient fermé contenant du formol qui déshydrate les matières organiques. On trouve dans les drogueries, vendu au litre, du formol utilisé en agriculture. Suivez les indications données sur la bouteille. Rincez abondamment. L'odeur du formol disparaît après un certain temps. La manipulation de ce produit nécessite des précautions comme de porter des gants, un tablier et des lunettes de protection.

Pour mieux comprendre certains termes de la légende de la photographie ci-dessous, reportez-vous au glossaire de la page 62.

1. *Troncatures de troques.* **2.** *Arêtes de poisson.* **3.** *Columelles.* **4.** *Péristomes.* **5.** *Anneaux de patelles.*

Les outils

Une plaque de carton ou de bois pour protéger la table ; une colle ni trop rapide ni trop lente ; un chiffon ; une allumette taillée ou une pique pour enlever les bavures de colle ; une épingle pour nettoyer l'intérieur de certains coquillages ; une pince à épiler ou des brucelles (pinces fines à ressort) ; de quoi fabriquer des étais et, en particulier, de la pâte à modeler, très pratique puisqu'elle peut prendre n'importe quelle forme.

Le montage

Certaines personnes, notamment les enfants, préfèrent terminer un sujet d'une seule traite : pas question de préparer plusieurs éléments et d'attendre le lendemain pour assembler le tout ! Or, pendant le séchage de la colle, qui peut nécessiter toute une nuit pour être efficace, certains coquillages, entraînés par leur poids, risquent de faire basculer toute la composition. Pour éviter pareille catastrophe, nous nous sommes efforcés de donner à nos créations les plus simples des caractéristiques qui devraient aider les débutants : nous avons choisi des coquillages faciles à manipuler (ni trop lourds ni trop fragiles) et en petit nombre ; nous avons évité l'emploi d'étais (le collage peut se faire à plat sur le plan de travail) ; nous avons assuré l'équilibre du sujet en écartant les différents points d'appui ou en le fixant sur un socle.

Certains modèles sophistiqués nécessitent une plus grande dextérité. Lorsque vous les réalisez, n'hésitez pas à travailler en plusieurs étapes : attendez plusieurs heures, voire une nuit entière, que les éléments déjà assemblés soient bien fixés avant de poursuivre la composition.

Les modèles de ce livre ont été construits sans squelette, ni armature métallique, ni support d'aucune sorte. Il est bien sûr nécessaire de s'aider parfois d'un patron ou d'étayer des réalisations un peu plus délicates, mais ces supports provisoires sont ôtés après le temps de séchage.

CONSEILS POUR LE COLLAGE DES COQUILLAGES

1. *Prévoyez une plaque de protection (un carton, par exemple) pour ne pas salir la table et pouvoir déplacer facilement votre composition.*

2. *Ayez toujours un chiffon près de vous pour vous essuyer les mains et effacer les bavures de colle.*

3. *Manipulez les tubes de colle avec précaution afin que celle-ci ne coule pas trop vite. N'oubliez pas de les reboucher après usage !*

4. *Attendez toujours qu'un montage soit suffisamment rigide pour continuer à l'assembler.*

5. *Assurez-vous régulièrement que la composition n'adhère ni au plan de travail ni aux étais. Pour cela, déplacez-la en la faisant glisser et en évitant de la déformer.*

6. *Si vous souhaitez vernir votre composition, attendez vingt-quatre heures que la colle soit bien sèche, puis appliquez avec un petit pinceau une couche de vernis, brillant et incolore.*

7. *Soyez patient !*

Petits objets en bucardes

Si l'on demande à un enfant de dessiner un coquillage, c'est certainement la forme d'une bucarde qu'il esquissera. Simple et généreuse, celle-ci s'adapte bien à la fabrication de petits objets pleins de charme.

La salière, un objet en coquillages vieux comme le monde.

La salière

Composition

- une valve plate d'huître pour le socle
- une bucarde entière
- un cormaillot

Réalisation

Posez les deux valves de la bucarde sur le plan de travail, bien à plat et côte à côte, et collez-les. Quand la colle commence à prendre et que l'assemblage est suffisamment rigide pour être manipulé, retournez-le et fixez-le sur la valve d'huître. Si cela est nécessaire, étayez pendant le temps de séchage. Pour terminer, collez le cormaillot à cheval sur les deux valves de la bucarde : c'est lui qui permettra de saisir la salière.

Le vide-poche

Composition

- trois valves de bucardes
- quatre actéons pour le tronc du palmier qui servira de poignée au vide-poche
- six valves de donaces et une patelle pour les feuilles

Chacun décorera ce vide-poche selon son goût... ... et sa récolte de coquillages !

Réalisation

Collez les trois valves de bucardes comme pour la salière. Du fait qu'elles sont trois, le socle est superflu. Fixez les actéons bout à bout pour obtenir le tronc du palmier. Disposez les valves de donaces en étoile, le creux contre le plan de travail et assemblez-les bord à bord. Collez une patelle au centre de cette rosace. Quand ces montages sont devenus rigides, fixez le creux de la patelle sur l'extrémité du tronc.

L'awèlé

Composition

- six bucardes entières pour les cases
- quarante-huit très petits coquillages (porcelaines, troques, etc.) pour les graines

Réalisation

Posez les valves des bucardes bien à plat sur le plan de travail et disposez-les en deux rangées de six. Collez-les, puis laissez sécher vingt-quatre heures. Retournez l'ensemble et consolidez-le avec un apport supplémentaire de colle entre les coquilles. En procédant de cette manière, les douze cases seront bien solidaires et il ne sera pas nécessaire de fixer le jeu sur un socle.

L'awèlé est un jeu de réflexion d'origine africaine. La partie se dispute entre deux joueurs mais, bien vite, ceux-ci sont entourés de nombreux spectateurs qui commentent les coups et donnent leur avis.

RÈGLE DU JEU DE L'AWÈLÉ

Chacun des deux joueurs possède une rangée de six cases. Au début de la partie, on dispose quatre graines dans chacune des cases. Le but du jeu est de semer judicieusement les graines afin d'en récolter le plus possible. Pour semer, un joueur prend toutes les graines d'une case quelconque de son camp et les dépose une par une dans chaque case rencontrée, en tournant dans le sens inverse des aiguilles d'une montre. (Si le nombre de graines piochées lui permet de faire plusieurs fois le tour du jeu, il doit sauter la case où il s'est approvisionné.) Si la case dans laquelle il a posé la dernière graine en contient maintenant deux ou trois et appartient à l'adversaire, il récolte son contenu ainsi que celui des cases précédentes, jusqu'à ce qu'il en rencontre une qui en ait moins de deux ou plus de trois, ou qu'il atteigne la fin de la rangée adverse. C'est alors au tour de l'autre joueur de semer... Un joueur ne peut plus semer quand toutes ses cases sont vides. Alors, l'autre joueur récolte les graines restées dans son camp et la partie est terminée. On compte les graines récoltées. Le gagnant est celui dont la récolte totale est la plus grande. Tant que c'est possible, on doit « nourrir » l'adversaire, c'est à dire jouer de façon à éviter que toutes ses cases soient vides.

***Remarque :** Pour effectuer plusieurs fois le tour du jeu, on accumule des graines dans une case habilement choisie. Elle s'appelle alors une « maison ».*

Sur l'étang

Le cygne

Composition

- un brelin pour le corps
- une petite nasse pour la tête
- cinq plaques d'anatife toutes différentes pour les ailes, la queue et le cou

Réalisation

Prenez la plaque filiforme et, à l'aide d'une pince, cassez les deux extrémités de son bec fourchu. Fixez-la sur la nasse : vous obtenez le cou et la tête du cygne. Pour les ailes, collez deux grandes plaques de part et d'autre du brelin, sans qu'elles se touchent. Les deux petites plaques vont constituer la queue : assemblez-les juste au niveau de leur pointe et fixez-les sur le brelin. La légèreté des plaques d'anatifes permet un séchage rapide avec très peu d'étayage.

Les nénuphars

Composition

- sept petites valves de tellines ou de nucules nacrées pour les pétales
- une petite littorine obtuse pour le cœur
- des valves de petits pétoncles pour les feuilles

Réalisation

Pour réaliser les feuilles, posez trois valves de pétoncles sur le plan de travail. Encollez-les et assemblez-les en étoile. Collez les pétales de la fleur à la verticale autour du cœur. Fixez l'ensemble sur les feuilles avec un point de colle.
Ces nénuphars sont à l'échelle de la barque, du cygne et des roseaux. Vous pouvez en fabriquer des plus gros en utilisant huit à douze valves de tellines ou d'abres blancs pour les pétales, une littorine obtuse jaune ou une valve de petite telline de Baltique pour le cœur et des valves de peignes tigrés pour les feuilles.

Les roseaux

Composition

- une valve de petit bivalve ou un morceau de coquillage pour le socle
- des arêtes de saumon (une pour la tige et une ou deux pour les feuilles)
- un actéon pour l'épi

Réalisation

Pour faire l'épi, collez l'actéon à l'extrémité la plus fine de l'une des arêtes. Fixez la grosse extrémité de chaque arête sur le socle.

Le pont

Composition

- dix-sept valves de donaces pour le plancher
- quatorze dentales pour les mains courantes (dont quatre plus grandes pour les extrémités) et seize autres, environ deux fois moins longues, pour les piquets

Réalisation

Collez les valves de donaces en arc de cercle. Pour étayer ce montage, vous pouvez découper une bande de carton de la largeur du pont et la maintenir arrondie avec du ruban adhésif bien tendu *(voir le croquis ci-dessous)*. Laissez sécher l'ensemble. Collez les piquets. Assemblez les mains courantes, puis fixez-les.

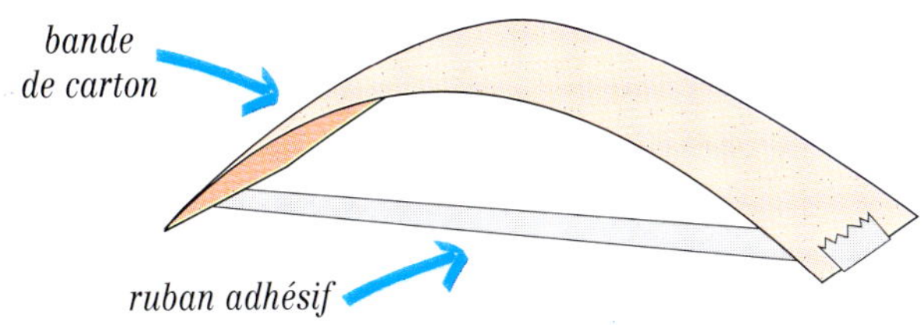

La barque

Composition

- une valve de lutraire pour la barque
- deux valves de donaces pour les banquettes
- un petit cormaillot pour le buste de la dame
- une nasse réticulée pour le buste de l'homme et deux couples de petites nasses épaisses pour les bras des deux personnages
- deux couples de cérithes pour les avant-bras, deux cérithes plus petits pour les pieds de l'homme et trente à quarante minuscules cérithes pour les cheveux de la dame
- quatre dentales pour les jambes de l'homme
- deux porcelaines pour les têtes
- deux rissoïnes pour les boucles d'oreilles
- douze valves de tellines papillons
- une écaille plate de nacre d'huître et un morceau de dentale pour le chapeau de l'homme
- deux arêtes de daurade pour les rames

Réalisation

Posez la barque sur le plan de travail et fixez les deux banquettes à l'intérieur. Sur l'une d'elles, assemblez la jupe de la dame puis collez le buste et la tête. Sur l'autre, fixez le buste de l'homme et sa tête. Étayez et laissez sécher. Ajoutez les bras, les jambes et les détails des coiffures. Collez les rames en ajustant leur longueur de manière qu'elles touchent le plan de travail et équilibrent ainsi l'ensemble.

Les anatifes

Des anatifes tels qu'on les trouve sur la plage.

Les anatifes ont une carapace composée de cinq plaques articulées par des ligaments. Vous en trouverez sur les épaves apportées par la marée (caisses, bidons...). N'attendez pas que la mer les nettoie : fragiles, ils sont rapidement détruits une fois déposés sur la plage. Le seul moyen de vous en procurer est de les prendre tels qu'ils sont. Pour les laver, enlevez d'abord les déchets organiques qui partent facilement.

Placez-les ensuite dans un bocal, et versez par-dessus le contenu d'un berlingot d'eau de Javel concentrée à 40°. (Attention ! Il s'agit d'un produit dangereux très corrosif). Fermez le bocal et laissez tremper les anatifes plusieurs heures, puis rincez-les abondamment. L'eau de Javel aura dissous le reste des matières organiques, mais aussi les ligaments, séparant (et mélangeant) ainsi les plaques. (Si vous souhaitez récupérer les cinq plaques d'un même anatife faites-le tremper seul dans un petit pot).

Le serpent de la page ci-contre est réalisé avec une plaque filiforme. Pour confectionner le cygne de la page 12, on utilise cinq plaques. Quant au moulin des pages 47 à 49, ses ailes sont composées de quatre-vingt-huit grandes plaques.

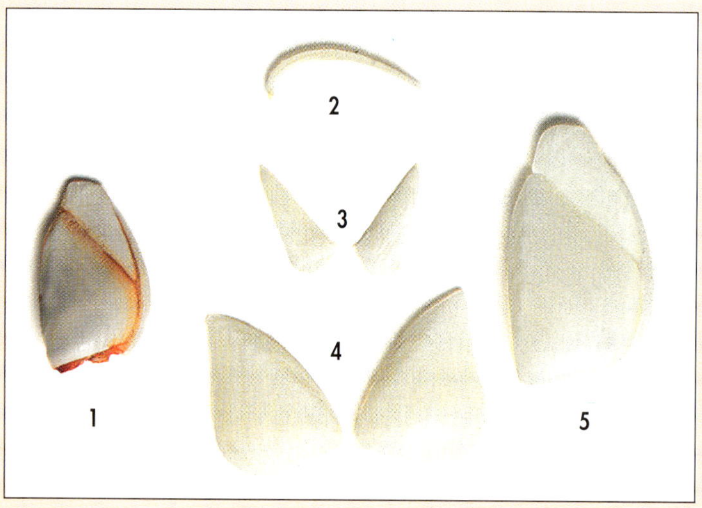

1. *Anatife après nettoyage préliminaire à la main.*
2. *Plaque filiforme.*
3. *Petites plaques.*
4. *Grandes plaques.*
5. *Carapace d'anatife reconstituée après nettoyage à l'eau de Javel.*

Le charmeur de serpent

Composition

- une scalaire pour le buste et deux plus petites pour les jambes
- deux nasses pour les cuisses et deux plus petites pour les bras
- deux cérithes pour les avant-bras
- une porcelaine grain-de-café pour la tête
- cinq troncatures de troques (deux pour le turban et trois pour le panier)
- une plaque filiforme d'anatife pour le serpent
- un dentale pour la flûte
- une phasianelle minuscule pour le rubis du turban

Réalisation

Fixez la tête au buste. Assemblez les cuisses et les jambes. Collez la pointe du buste entre les cuisses. Si l'ouverture des nasses est trop voyante, bouchez-la avec un morceau de coquillage de même teinte. Pour réaliser le turban, superposez deux troncatures de troques de taille identique et collez-les sur la tête du personnage ; fixez la phasianelle minuscule figurant le rubis sur celle du dessous. Complétez le charmeur de serpent en collant les bras et la flûte. Pour confectionner le panier, empilez trois troncatures de troques en plaçant la plus grande au milieu et la plus petite sur le dessus. Fixez la plaque filiforme d'anatife verticalement au sommet du panier, la pointe fine au centre de celui-ci.

La plaque filiforme de l'anatife est idéale pour représenter un serpent dressé.

Le lutin

Composition

- une grosse nasse pour le corps et quatre petites pour les pieds et les bras
- une porcelaine grain-de-café pour la tête
- deux actéons pour les cuisses
- quatre dentales pour les mollets et les avant-bras
- un calliostome et un mangelia (coquillage peu commun, élancé comme une plume) pour le chapeau

Réalisation

Posez les différents coquillages composant les jambes sur le plan de travail et assemblez-les. (La courbure des dentales symbolise celle des mollets ; la pointe des pieds est dirigée vers le haut.) En travaillant toujours à plat, assemblez la grosse nasse du corps et la porcelaine de la tête. Étayez pendant le temps de séchage. Collez les jambes à l'ensemble constitué par le corps et la tête. Fixez les bras au corps, puis les avant-bras de façon à donner au personnage l'expression recherchée.

La grand-mère au fagot

Assemblage de coquillages très classique, pour ce modèle.

Composition

- douze patelles pour la jupe
- un brelin pour le buste
- une porcelaine pour la tête et un morceau de péristome pour la coiffe
- deux nasses pour les bras et deux cérithes pour les avant-bras
- une arête de thon pour la canne
- des coraux calcifiés pour le fagot

Réalisation

Empilez les patelles. Fixez la tête au buste. Montez le buste sur la jupe en l'inclinant vers l'avant. Adaptez le fagot brin à brin. Placez les bras, les avant-bras, puis la canne dont vous ajusterez la longueur après fixation. Terminez par la coiffe.

La grand-mère au chariot de bois

Composition

- douze patelles pour la jupe et un brelin pour le buste
- une porcelaine pour la tête et un morceau de péristome pour la coiffe
- deux nasses pour les bras et deux cérithes pour les avant-bras
- une arête de thon pour la canne
- deux valves de bébé couteau pour le fond du chariot, six dentales et deux arêtes de thon pour les ridelles
- quatre anneaux de patelles (deux grands et deux petits), quatre troques cendrés et vingt cérithes pour les roues
- trois dentales pour les essieux
- une arête de daurade pour le brancard

Vue éclatée du chariot

Réalisation

Le personnage est semblable à *la grand-mère au fagot*. L'une des mains tient le brancard du chariot et le fagot de bois, plus important que précédemment, est posé dans le chariot.
Pour chacune des roues, collez cinq cérithes en étoile à l'intérieur d'un anneau de patelle afin de figurer les rayons ; fixez un troque cendré au centre. Collez une roue à chacune des extrémités des deux essieux, en plaçant les petites à l'avant et les grandes à l'arrière. Fixez le troisième dentale au-dessus de l'essieu avant pour le surélever de façon que le fond du chariot puisse être monté bien à l'horizontale. Confectionnez celui-ci en collant les deux valves de bébé couteau sur les essieux. Collez les ridelles. Terminez par le brancard, en collant l'extrémité la plus épaisse de l'arête de daurade à l'avant du chariot.

Fleurs et papillons

Le papillon en tellines

Composition

- une telline papillon entière pour les ailes
- un cérithe pour le corps
- une arête de saumon pour les antennes
- une petite valve de bivalve pour le socle

Réalisation

Placez les deux valves de telline de chaque côté du cérithe dont le gros bout représente la tête du papillon. Collez-les, puis fixez-les sur le socle. Pour donner de la vie au papillon, maintenez les ailes entrouvertes en plaçant un étai (une boulette de pâte à modeler, par exemple) sous chacune d'elles. Pour réaliser les antennes, déposez une pointe de colle sur la tête du papillon et fixez les morceaux d'arête en vous servant d'une pince à épiler pour faciliter la manipulation.

Le papillon en palourdes

Composez-le comme le papillon en tellines, mais en utilisant les deux valves d'une palourde pour les ailes. Il existe une grande variété de décorations naturelles chez les palourdes, ce qui permet de créer de jolis papillons toujours différents.

La fleur en tellines

Composition

- cinq valves de tellines papillons (toutes d'un même côté et d'une même couleur) pour les pétales
- une littorine obtuse pour le cœur
- une arête de daurade pour la tige
- deux dentales pour les feuilles
- une anomie pour le socle

Réalisation

Déposez de la colle sur l'extrémité d'une telline. Attendez qu'elle épaississe un peu, puis fixez la telline inclinée sur le côté de la littorine. Procédez de la même manière avec chacun des pétales. Collez les dentales et l'arête de daurade sur le socle, puis fixez la fleur au sommet de cette tige. Laissez sécher douze heures, en étayant l'ensemble.
Sur la photographie ci-contre, la fleur est visitée par un papillon, lui aussi composé de tellines.

La fleur en donaces

Composition

- six valves de donaces (toutes d'un même côté) pour les pétales
- une patelle pour le cœur
- deux dentales pour la tige
- une moule entière pour les feuilles
- une valve de praire pour le socle

Réalisation

Disposez les pétales en étoile, le creux contre le plan de travail, et assemblez-les bord à bord. Collez la patelle au centre. Enfilez les deux dentales l'un dans l'autre et fixez cette tige au socle, avec une valve de moule de chaque côté. Collez le creux de la patelle sur l'extrémité du dentale.
Sur la photographie ci-contre, la fleur est visitée par un papillon en palourdes.

De haut en bas et de gauche à droite : *le papillon en palourdes, le papillon en tellines, la fleur en donaces et la fleur en tellines.*

Le papillon en palourdes et tellines

Composition

- un dentale pour le corps
- une littorine des rochers pour la tête
- une palourde entière pour les ailes antérieures
- une telline de Baltique entière pour les ailes postérieures
- une valve de pétoncle pour le socle
- une arête de saumon pour les antennes

Réalisation

Enfilez la pointe de la littorine dans le gros bout du dentale. En les diposant à plat, assemblez chacune des ailes antérieures avec une aile postérieure. (Observez sur la photographie la position des valves les unes par rapport aux autres.) Quand les paires d'ailes commencent à tenir, collez-les à plat de part et d'autre du corps. Veillez à bien positionner celui-ci, la tête vers l'avant. Attendez que l'ensemble soit assez solidaire pour le coller sur le socle. On peut étayer en maintenant les ailes entrouvertes, comme pour *le papillon en palourdes* de la page 20. Terminez en fixant les antennes.

Quelques variantes du papillon en palourdes et tellines...

En reprenant toujours le principe d'assemblage du papillon en palourdes et tellines, vous pouvez réaliser de nombreux modèles différents, selon votre imagination et en fonction du choix de coquillages dont vous disposez.

Le papillon en pétoncles

Choisissez un grand cérithe pour le corps. Les pétoncles offrent un remarquable choix de coloris. Dans les cas où leurs oreilles ne peuvent pas être recouvertes par le pétoncle de l'aile adjacente, supprimez-les avec une petite scie ou une lime. (Ici, l'une des oreilles de chaque pétoncle marron est masquée par un pétoncle orange sans oreilles.)

Le papillon en lutraires et tellines

Remplacez la palourde par une lutraire et la telline de Baltique par une telline papillon.

Le papillon en mactres

Le corps est composé de deux cérithes que l'on a collés bout à bout. Les ailes sont en mactres corallines.

Le papillon en moules

Le corps est un grand cérithe. Les ailes antérieures sont les deux valves d'une même moule, et les ailes postérieures celles d'une moule environ deux fois moins longue.

De haut en bas et de gauche à droite : *le papillon en moules, le papillon en lutraires et tellines, le papillon en mactres, le papillon en pétoncles et le papillon en palourdes et tellines.*

Les animaux

L'âne

Composition

- une palourde entière pour le corps
- quatre turritelles pour les pattes
- une telline de Baltique entière pour le cou
- deux dentales et une petite nasse pour la queue
- trois donaces entières pour la tête et les oreilles
- deux hydrobies pour les yeux

Réalisation

Fermez les donaces, la telline et la palourde en collant leurs deux valves. Enfilez les dentales bout dans bout et fixez la petite nasse à l'extrémité la plus fine de l'ensemble. Pour assembler le corps, le cou, la tête et les oreilles, repérez sur la photographie ci-contre la position relative des coquillages et travaillez à plat sur le plan de travail. Lorsque cet assemblage est sec, redressez-le et posez-le debout, sur une petite colonne de pâte à modeler de manière à le soutenir pendant que vous collez les pattes.

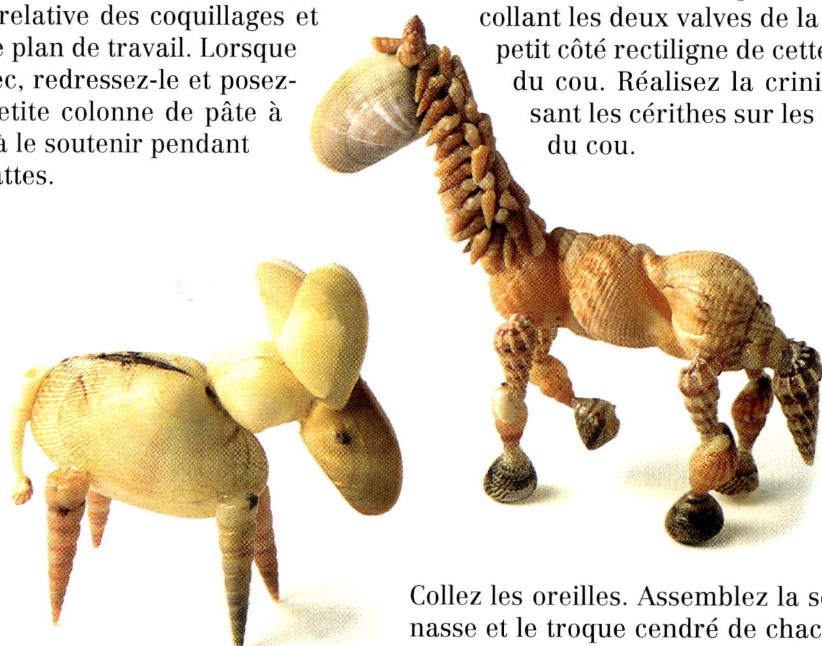

Fixez la queue en collant l'extrémité du dentale le long de la palourde. Collez les yeux. Laissez les étais en place pendant au moins douze heures.

Le cheval

Composition

- trois buccins pour le corps
- cinq scalaires (quatre pour les jambes et un pour la queue)
- quatre petites nasses pour les jambes et deux plus petites pour les oreilles
- quatre troques cendrés pour les sabots
- une donace entière pour la tête et une turritelle pour le cou
- trente à soixante cérithes pour la crinière

Réalisation

Pour le corps, collez deux buccins, ouverture contre ouverture, puis fixez l'ouverture du troisième sur le dos de l'un des deux premiers. Collez la turritelle du cou, pointe tournée vers le haut, sur l'apex de ce dernier buccin. Fixez la queue. Fermez la tête en collant les deux valves de la donace. Fixez le petit côté rectiligne de cette donace en haut du cou. Réalisez la crinière en répartissant les cérithes sur les côtés et l'arrière du cou.

Collez les oreilles. Assemblez la scalaire, la petite nasse et le troque cendré de chacune des jambes. Quand celles-ci sont rigides, fixez-les au corps, en étayant comme pour l'âne. Il est possible d'assurer l'équilibre du cheval sur trois jambes, la quatrième étant relevée.

L'araignée

Composition

- deux bigorneaux pour le corps et deux plus petits pour les palpes labiaux
- seize dentales pour les pattes et deux plus petits pour les palpes maxillaires
- trois minuscules valves de bébés bivalves
- deux oursins pois pour les yeux

Réalisation

Pour former le corps, collez ensemble les deux plus gros bigorneaux, la pointe de celui de derrière sous l'ouverture de celui de devant, et sa propre ouverture vers le bas. Assemblez deux dentales pour chacune des pattes en imprimant à celles-ci des mouvements différents, puis fixez-les au corps maintenu sur un étai. Décorez l'arrière de l'abdomen avec les valves de bébés bivalves. Pour terminer l'araignée, collez les palpes labiaux et maxillaires ainsi que les yeux.

Pour mieux cerner la vérité, n'hésitez pas à consulter des illustrations et des photographies, puis adaptez-les aux possibilités des coquillages. La caricature ne recule pas devant l'outrance ou l'imaginaire : les oursins pois donnent à cette araignée un regard de monstre bien sympathique.

Le rat

Composition

- un brelin pour le corps
- une nasse pour la tête, quatre plus petites pour les pattes, deux très petites pour les oreilles et deux minuscules pour les yeux
- deux dentales pour la queue

Réalisation

Posez le brelin dans sa position naturelle d'équilibre, l'ouverture vers le bas. Collez les pattes avant près du sommet, les pattes arrière et la queue à l'autre extrémité. Fixez la tête (la pointe du brelin sous l'ouverture de la nasse) et étayez-la. Collez les oreilles et les yeux.

La souris

Composition

- un brelin pour le corps
- deux petites nasses pour les pattes avant
- un bigorneau pour la tête
- une arête de saumon pour les moustaches
- deux oursins pois pour les yeux
- deux calyptrées pour les oreilles
- deux dentales pour la queue

Réalisation

Procédez comme pour le rat, à l'exception des pattes arrière qui ne sont pas représentées. Terminez en collant les oreilles, les yeux et les moustaches.

L'équilibre des chiens en coquillages est plus facile à obtenir si on les représente assis.

Le chien en nasses

Composition

- trois grosses nasses pour le corps et la tête, quatre de taille moyenne pour les pattes et trois petites pour les oreilles et la queue
- une troncature de troque cendré pour le collier

Réalisation

Assemblez les deux nasses du corps. Collez les pattes avant au tiers de la première nasse, leur pointe et l'arrière du corps touchant le plan de travail. Fixez les pattes arrière, la queue, la tête et le collier, en étayant l'ensemble. Fixez les oreilles.

Le chien en dentales

Composition

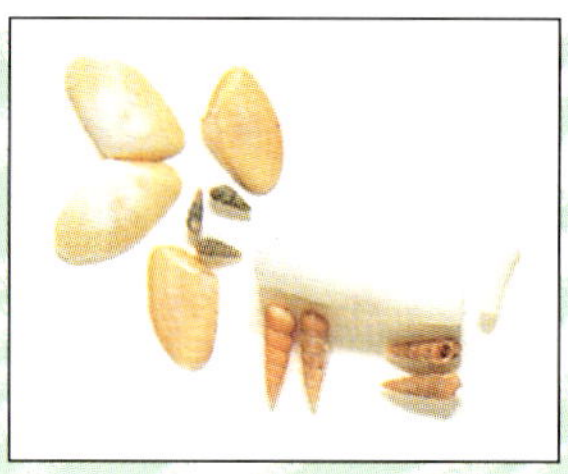

- l'extrémité la plus large d'un gros dentale pour le corps, et l'extrémité la plus fine d'un petit pour la queue
- deux cérithes (moitié moins grands que le corps) pour les pattes avant, deux plus petits pour les pattes arrière et deux ou trois minuscules pour le collier
- deux petites donaces entières pour la tête et les oreilles

Réalisation

Fermez une donace en collant ses deux valves. Fixez les pattes avant perpendiculairement à l'une des extrémités du gros dentale. Collez les pattes arrière à l'autre extrémité, de façon qu'elles reposent horizontalement sur le plan de travail. Fixez la queue. Collez la tête en l'étayant. Pour les oreilles, collez les deux valves de la donace restante de part et d'autre de la tête, le crochet contre le dentale. Réalisez le collier en plaçant les petits cérithes dessous et derrière la tête.

Le calmar

Composition

- un brelin pour le corps
- deux natices pour la tête
- seize dentales pour les tentacules

Réalisation

Assemblez les dentales deux à deux, puis collez-les sous la pointe du brelin. Pour les yeux, fixez les deux natices, la pointe tournée vers l'extérieur.

Pour réaliser ce crocodile, on ramassera certaines coquilles d'huîtres que l'on aurait sinon négligées.

Le crocodile

Composition

- deux valves plates d'huitres pour la tête et deux valves pour le corps et la queue
- huit grosses nasses (deux par patte) et quatorze petites pour les dents
- une donace entière et deux cérithes pour les yeux

Réalisation

Formez la gueule du crocodile en collant les deux valves plates, parties nacrées à l'intérieur. Fixez les cérithes sur les donaces et collez l'ensemble sur l'une des valves. Fixez les dents du bas, puis, quand elles sont sèches, retournez la gueule pour fixer celles du haut. Collez les pattes et la queue. Pendant tout le temps de séchage, maintenez la tête un peu en hauteur et en position ouverte avec des étais.

Le pélican

Le corps du pélican est un buccin dont l'équilibre est assuré par trois points d'appui : sa propre extrémité et les deux valves de la coque.

Composition

- un buccin pour le corps
- une coque entière pour les pattes
- deux nasses pour le cou
- une valve d'huître pour le haut de la tête
- une crépidule pour le bas de la tête
- deux littorines des rochers pour les yeux

Réalisation

Collez les deux valves de la coque, pointe contre pointe. Placez le buccin dessus de manière qu'il repose sur le plan de travail. Posez la première nasse bien horizontalement, la pointe en arrière, ouverture vers le haut. Quand la colle a pris, placez la pointe de la seconde nasse dans l'ouverture de la première, en l'inclinant légèrement de façon que son poids se porte vers l'arrière. Collez l'huître à cheval sur le bord de la crépidule, l'extrémité la plus pointue débordant suffisamment pour qu'elle puisse s'encastrer dans l'ouverture de la nasse. Fixez les littorines au-dessus. Prévoyez un étai pour maintenir la tête relevée.

Les animaux fabuleux

Le laurinosaure

Une création de Laurine, 4 ans, avec l'aide de son papy Roger.

Composition

- un buccin pour le corps
- huit dentales pour le cou et la queue
- une nasse pour la tête
- une coque entière pour les pattes

Réalisation

Assemblez les dentales du cou et ceux de la queue. Pour le corps, collez les deux valves de la coque, pointe contre pointe, puis fixez le buccin dessus. Collez le corps et la tête, chacun à une extrémité du cou. Ce montage tiendra mieux si vous utilisez un buccin dont la pointe est cassée et présente un trou dans lequel on peut glisser le dentale. Il est nécessaire d'étayer l'ensemble pour le maintenir en bonne position et de le laisser sécher au moins douze heures. N'hésitez pas à écouter votre imagination et à ajouter des ailes, des cornes...

Le serpent de mer

Composition

- onze buccins de grandeur décroissante et cinq brelins pour le corps
- une huître pour la gueule
- des coquillages pour décorer le corps et la gueule (par exemple des coques exotiques, des pieds-de-pélican, des pétoncles operculés, des nasses, des columelles, des balanes...)

Réalisation

Assemblez les buccins, la pointe de l'un rentrant légèrement dans l'ouverture du précédent, selon une ligne en forme de tire-bouchon, puis terminez avec cinq brelins. Agrémentez ce corps selon votre imagination. Sur le modèle photographié ci-contre, on peut voir deux valves de coque exotique comme nageoires anales et un pied-de-pélican comme nageoire dorsale. Sur le cou, un autre pied-de-pélican se dresse entre deux valves de pétoncle operculé, qui font de magnifiques nageoires pectorales. Entre le cinquième et le sixième buccin, une pointe de brelin assure la stabilité de l'ensemble. La gueule est une huître entière entrouverte, avec de petites nasses comme dents, une columelle pour la langue et des balanes en guise d'yeux.

Le dragon chinois

Composition

- sept brelins pour le corps
- un amas de balanes pour la crête
- une huître entière pour la gueule
- quatre petites nasses pour les dents
- deux littorines des rochers pour les yeux
- quatre valves de pétoncles pour les ailes
- un cormaillot et trois dentales pour la queue

Réalisation

Réalisez la gueule en suivant les explications du *crocodile*, page 27. Assemblez le corps en posant les brelins, l'ouverture tournée vers le bas, selon une ligne plane sinueuse. Le fait que l'on travaille à plat rend la construction plus aisée. Agrémentez avec les différents éléments en vous reportant à la photographie ci-contre. Prévoyez des étais pour les ailes et pour les dentales de la queue.

De haut en bas et de gauche à droite : *le serpent de mer, le laurinosaure et le dragon chinois.*

Les rigolos

Les coquilles d'huîtres offrent une immense variété de formes, de coloris et d'aspects. De plus, il est possible de modifier leur inclinaison ou leur ouverture. Cela nous permet d'obtenir différents modèles de rigolos, *des petits personnages amusants que vous aurez plaisir à réaliser en variant les détails des coiffures, des chapeaux et des yeux, au gré de votre inspiration.*
Les astuces de collage présentées ici sont particulièrement bien adaptées au montage des modèles de cette page, mais elles vous seront utiles pour toutes vos compositions en coquillages.

Le rigolo à l'oursin

Composition

- un buccin pour le corps
- une moule entière et une patelle pour les pieds
- un anneau de patelle pour le cou
- une huître entière pour la gueule
- deux littorines obtuses pour les yeux
- un test d'oursin pour le chapeau

Réalisation

Pour assembler les deux valves de moule représentant les pieds, appliquez l'astuce de collage n° 2 *(voir ci-contre)* en vous servant d'une patelle. Pour fixer la tête au corps, suivez l'astuce n° 1 en utilisant la patelle destinée au cou. Consolidez la gueule en position ouverte et collez dessus les deux littorines qui figurent les yeux. Étayez l'ensemble pendant tout le temps de séchage. Terminez en collant le chapeau.

Le rigolo à la bucarde

Comme l'indique son nom, le chapeau de ce personnage est constitué d'une bucarde. Les yeux sont représentés par deux petites natices. Le buccin formant le corps, très nettement entamé par l'érosion, avait perdu sa pointe. Il n'a donc pas été nécessaire d'utiliser l'astuce de collage n° 1.

Le rigolo à l'étoile de mer

Ce sont des troques ombiliqués qui constituent les yeux de ce rigolo. Leurs pointes tournées l'une vers l'autre dotent le personnage d'un strabisme sympathique et un peu émouvant.

ASTUCES DE COLLAGE

1. *Au lieu de coller directement un coquillage sur la pointe d'un buccin (ou d'un autre gastropode), entourez celle-ci d'une patelle possédant un large trou à la place du sommet. Introduisez-y la pointe du buccin de manière que le coquillage, même s'il est lourd, trouve facilement un équilibre stable en se posant sur la patelle renversée.*

2. *Lorsque vous devez fixer un élément sur des pieds constitués de deux valves (de coque, de moule, de donace, etc.) mises côte à côte, collez d'abord une patelle sur celles-ci, l'ouverture vers le haut et la pointe calée entre les deux. Il vous est alors possible de coller tout autre coquillage dans le creux, sans risque de glissement.*

Les avions

L'idée de coller deux couteaux en croix pour fabriquer un avion est naturelle chez les enfants. Sur cette base, nous vous proposons trois modèles différents.

L'avion de base

Composition

- une valve de couteau pour la carlingue, une autre un peu plus longue pour les ailes avant et une troisième deux fois plus petite pour les ailes arrière
- une valve de petite mactre épaisse pour le gouvernail
- une donace entière pour l'hélice
- deux anneaux de patelle pour les roues

Réalisation

Posez l'aile avant et l'aile arrière parallèlement, le creux vers le haut, en les écartant de la distance voulue. Fixez la carlingue dessus, le creux toujours vers le haut. Posez à plat une valve de donace, le creux vers le bas, et une autre, le creux vers le haut : leurs petites extrémités doivent se chevaucher légèrement et leurs bords être bien parallèles. Assemblez-les. Fixez le gouvernail sur l'aile arrière en l'étayant de chaque côté. Étayez aussi la carlingue à une hauteur qui permet de coller les roues de part et d'autre de celle-ci, sous les ailes. Collez l'hélice à l'extrémité de la carlingue.

Le biplan bimoteur

Composition

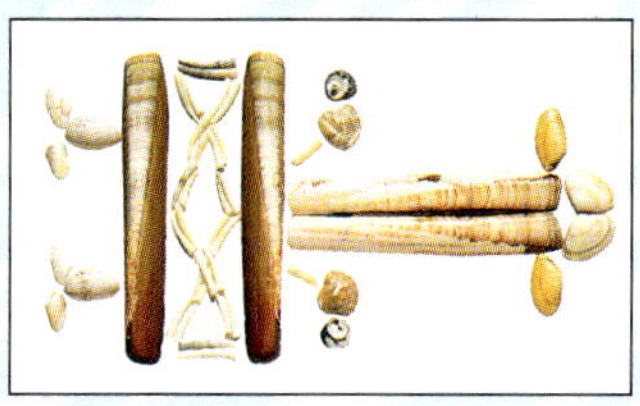

- un couteau entier pour la carlingue et deux valves plus longues pour les ailes avant
- une grande donace entière pour les ailes arrière et quatre petites valves (toutes d'un même côté) pour les hélices
- une petite mactre épaisse pour le gouvernail
- deux bulles pour les moteurs
- deux troncatures de troque pour les roues
- deux petites anomies pour les garde-boue
- deux morceaux de dentale pour supporter les roues et environ vingt-huit dentales pour les haubans des ailes avant

Réalisation

Pour former la carlingue, fermez le couteau entier en collant ses deux valves. Fermez également la mactre du gouvernail. Posez l'aile avant inférieure, le creux sur le plan de travail et collez l'extrémité d'un dentale à chacun de ses quatre coins. Pour l'aile arrière, assemblez les deux valves de la grande donace par leur petite extrémité, leur creux sur le plan de travail, leurs bords ventraux alignés et leur sommet pointé dans la même direction. Pour réaliser les hélices, assemblez deux à deux les petites donaces, mais en dirigeant leur sommet en direction opposée. Pour chacune des roues, collez une troncature de troque dans la partie creuse d'une anomie, puis fixez un morceau de dentale au sommet. Laissez sécher. Collez la valve de couteau restante sur les extrémités des quatre dentales fixés à l'aile avant inférieure, puis collez la carlingue sur celle-ci. Enfilez les dentales trois par trois, sans les coller, de manière à constituer huit haubans. Ajustez leur longueur à la taille des ailes en les rognant à l'aide d'une pince, puis assemblez-les. Fixez les hélices sur les extrémités des bulles. Collez l'aile arrière, le gouvernail et les haubans. Etayez l'appareil, fixez les roues sur l'aile avant inférieure puis, les moteurs.

De haut en bas
et de gauche à droite :
le biplan bimoteur,
l'avion de base et le monoplan.

Le monoplan

Composition

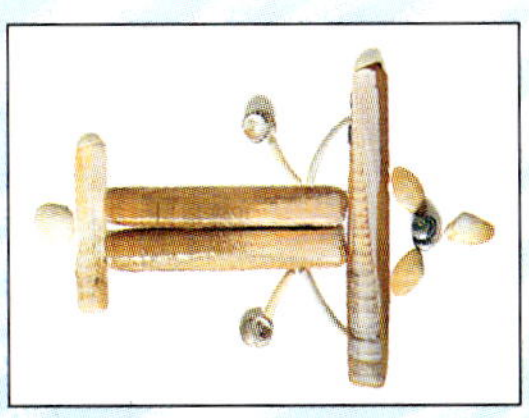

- un couteau entier pour la carlingue, une valve plus longue pour les ailes avant et une deuxième deux fois plus petite que la précédente pour les ailes arrière
- une valve de petite mactre épaisse pour le gouvernail
- trois valves de donaces (toutes d'un même côté) pour l'hélice
- un troque entier pour la pointe du moteur et deux troncatures de troques pour les roues
- deux dentales assez grands pour supporter l'aile avant et deux autres plus petits pour les roues

Réalisation

Fermez le couteau entier de la carlingue en collant ses deux valves. Posez les deux ailes parallèlement, le creux vers le haut, en les écartant de la distance voulue. Collez le dos du couteau de la carlingue aux ailes. Assemblez les trois valves de donace, à plat, le creux vers le bas, petite extrémité contre petite extrémité ; fixez le troque entier sur l'ensemble. Reliez l'aile avant à chacun des flancs de l'avion avec un grand dentale, l'extrémité la plus grosse fixée un peu au-dessus du bas de la carlingue. Fixez un petit dentale au bout de chacun des grands, en donnant à chaque élément l'inclinaison adéquate. Pour les roues, collez l'ouverture d'une troncature de troque au bout de chacun des petits dentales. Retournez le montage et fixez le gouvernail sur l'aile arrière, en l'étayant de chaque côté. Collez l'hélice et la pointe du moteur à l'extrémité de la carlingue.

Les personnages

Dans ces personnages d'inspiration traditionnelle, vous remarquerez l'absence de cérithes et de dentales : la plage à proximité de laquelle ils ont été réalisés en était dépourvue. Les têtes sont des porcelaines et les pieds des troques cendrés. A part les chapeaux, l'ensemble est composé de nasses de toutes les tailles.

La sieste

Les feuilles de ce palmier sont composées de onze valves de donaces. Pour les réaliser, suivez les indications de *la fleur en donaces*, page 20.

Le joueur de luth

Le luth est un cormaillot érodé terminé par une scalaire. Les cordes sont en fil à coudre, mais on peut aussi utiliser des arêtes de saumon. Les pieds sont des littorines obtuses. Le socle est facultatif car la patelle sur laquelle est fixé le personnage peut en tenir lieu.

Les escrimeurs

Les épées sont des arêtes de thon. Pour assurer l'équilibre de l'ensemble, le socle est indispensable.

Quatre hommes sur un banc

Le banc est composé des deux valves d'un couteau (l'une pour le dossier, l'autre pour le siège) et de deux patelles pour les pieds. Le journal est en papier mais on pourrait tout aussi bien utiliser un morceau de coquillage.

Les joueurs de cartes

La table est un galet supporté par un corail calcifié ; les sièges sont des patelles. Il suffit que l'un des personnages soit solidaire de la table pour assurer l'équilibre de l'ensemble.

Ces modèles comportent des cérithes et des dentales car la fréquentation de nouvelles plages nous avait permis d'en faire provision. Les têtes sont des porcelaines et les avant-bras des cérithes.

Le Tyrolien

Le plateau de la table est un morceau de verre poli par la mer ; son pied, une columelle dressée au-dessus du reste de la pointe d'un brelin. Le pantalon a été allongé avec un morceau de scalaire fixé sur un dentale. Le chapeau est une balane ornée d'une véritable petite plume de canard.

Les joueurs de dés

Les jambes sont composées chacune de deux scalaires. Le pied de la table est une turritelle. Les dés sont des grains de sable.

Le touriste

La carafe et le verre sont des morceaux de dentales. Le socle n'est pas indispensable.

Le lord anglais

Le buste est un actéon, le chapeau un péristome surmonté d'une petite natice, les cuisses des scalaires, les bottes des dentales, et les pieds des petites nasses. La table est formée d'un galet avec une turritelle comme pied. Le verre est un petit actéon et la carafe, un morceau de dentale. Les anses sont des petits péristomes.

La chaise

Le siège de la chaise est un petit pétoncle operculé (plus rond et mieux coloré qu'un pétoncle variable). Le dossier est un anneau de patelle collé dans le prolongement de deux dentales fixés au siège par leur plus fine extrémité.

Le peintre attendant un heureux événement

Si vous avez une amie peintre qui prépare à la fois un tableau et un bébé, voici un cadeau pour elle ! Quatre turritelles ont suffi pour le chevalet. La palette est une valve de donace. Il faut une dizaine de cérithes pour la chevelure et deux pour les pieds. Les rondeurs du personnage sont représentées par une porcelaine exotique.

Les jardiniers

Le chapeau du jardinier de gauche est un anneau de patelle surmonté d'une petite natice. La pomme de l'arrosoir est une calyptrée. Un socle est nécessaire pour ce modèle. La bêche du jardinier de droite est une valve d'anomie.

La liseuse

Pour la chaise, assemblez deux valves de pétoncles, charnière contre charnière, à angle droit, la partie bombée de chacune d'elles servant respectivement de siège et de dossier. Collez la jupe sur la chaise, puis fixez dessus le buste de la dame. Il faut une quarantaine de petits cérithes noirs pour la chevelure. Les boucles d'oreilles sont des rissoïnes. C'est un morceau de couteau qui représente le livre ou la lettre que lit la dame.

Le guéridon

Le guéridon est un galet fixé sur trois dentales. Le pied de la lampe est formé (de bas en haut) d'une

calyptrée, d'un actéon, d'une minuscule coque entière, puis d'un second actéon. Pour l'abat-jour, assemblez une couronne de neuf valves de tellines, toutes d'un même côté. Collez neuf petits troques mages tout autour de la base. Assemblez quatre cérithes en croix et fixez l'abat-jour dessus. Collez le centre de cette croix au sommet du pied de la lampe.

Le peintre devant son chevalet

La jupe est faite de trois longues valves d'huîtres pas trop polies par la mer pour présenter encore des motifs décoratifs. Le pinceau est une petite arête terminé par une phasianelle et la palette un morceau de coquillage.

Le photographe

L'appareil – une balane dont l'ouverture est fermée par un petit troque cendré représentant l'objectif – est fixé sur un trépied composé de trois arêtes de daurade surmontées d'un petit calliostome.

Les plaisanciers

Pour réaliser le voilier à une seule voile, collez une valve de moule sur une valve d'huître servant de socle. A l'intérieur, fixez un petit morceau de couteau pour représenter le banc et une grande arête entière pour le mât. La voile est une pholade. Le drapeau est un morceau d'enveloppe tubulaire de ver que l'on trouve sur les coquilles épaves. Pour l'autre voilier, il vous faut des arêtes plus ou moins fines pour figurer le mât, la vergue, le hauban, la barre de gouvernail et la corde. Les voiles sont constituées de deux pholades.

Une véritable régate !
L'idée de la surface de l'eau
est donnée par les rides des huîtres.

Le skieur de fond

Chaque ski est composé des deux valves d'un bébé couteau collées bout à bout. L'équilibre est assuré par le bâton de droite fait d'une arête et d'un tout petit péristome. Les jambes sont composées chacune d'une scalaire et d'un dentale.
Le chapeau est une calyptrée.

Le cycliste

Pour réaliser les rayons des roues, posez à plat un anneau de patelle, la face la plus petite sur le plan de travail, et collez-y douze cérithes, la pointe vers le centre. Le pignon arrière est un troque ombiliqué dont la pointe est tournée vers l'intérieur. Fabriquez les fourches avec deux dentales reliés par une donace. Préparez les éléments du cadre avec une quinzaine de dentales, dont huit collés deux par deux, gros bout contre gros bout ; les poignées du guidon sont deux morceaux de péristomes. Assemblez le cadre et fixez-le aux fourches, elles-mêmes collées aux roues. La pointe du pédalier, un jeune troque ombiliqué, est vers l'extérieur. La chaîne est représentée par des morceaux d'arêtes. Ajoutez une valve de donace pour la selle et trois cérithes pour les pédales (une sur le pignon du pédalier et deux de l'autre côté). Le casque du cycliste est un péristome surmonté d'une petite calyptrée.

Autour du fantastique

Le troll

Le corps est constitué d'un gros brelin, l'apex vers le haut et l'ouverture sur le devant du personnage. Les cuisses sont des petits brelins, les jambes des petites nasses, les pieds des minuscules gastropodes, les bras des cormaillots et les avant-bras des cérithes. Une balane prolongée d'une columelle représente le cou. Une littorine obtuse jaune, ouverture vers l'avant, fait un crâne bien luisant. La bouche, collée à cheval sur le cou et la tête, est une balane. Les yeux sont deux oursins pois dont l'un ferme l'ouverture de la littorine. Les oreilles sont deux rissoïnes.

Le monstre soldat

Le corps est une porcelaine exotique, les jambes des bigorneaux, les pieds des troques, les bras des littorines obtuses marron et les avant-bras des nasses. La tête, est une coquille d'huître entière avec quatre dents en cérithes. Pour l'une des oreilles on a utilisé une excroissance particulière de la coquille d'huître ; l'autre est une petite nasse. Le bouclier est une valve noire de peigne tigré, sur laquelle on a collé une rissoïne et un péristome. La hache est un morceau de patelle ; son manche repose à terre, assurant l'équilibre du personnage.

De haut en bas et de gauche à droite :
la princesse ailée, l'archer, le prince, le monstre soldat et le troll.

L'écusson

Cinq dentales encadrent un reste d'huître, plate et polie. Dans deux coins on a fixé des fleurs de lys composées de cérithes. Les autres sont occupés par des petits pétoncles reliés par un morceau de couteau.

La princesse ailée

Il faut douze valves bombées d'anomie pour la jupe et une autre, érodée, pour le col. Le buste est un cormaillot, les bras des petits brelins et les avant-bras des dentales. La tête, une porcelaine arctique, est chapeautée d'une balane. Les ailes sont les deux valves d'une donace.

L'archer

Le buste est un cône exotique. Les deux valves de tellines de Baltique qui composent la culotte ne sont jointes que par les sommets. Elles enserrent les deux dentales des cuisses, eux-mêmes enfilés dans deux autres dentales plus épais qui représentent les bottes. Les pieds sont également des dentales. Les bras sont des nasses, les avant-bras des cérithes et la tête une porcelaine. Le chapeau est une pince de crabe, le carquois un dentale et les flèches des arêtes de saumon. Pour l'arc, on a assemblé deux dentales et on les a reliés par une arête de thon.

Le prince

Il possède de nombreux points communs avec l'archer : le buste, les bras, les jambes et la tête sont identiques. Le kilt est formé de cinq patelles presque semblables. Le col est un péristome. Pour représenter les cheveux, on a collé trois grandes nasses derrière la tête, et deux petites de part et d'autre du sommet du crâne. Le manteau est une valve bombée d'huître. L'épée est composée d'une arête et de deux morceaux de dentales, l'un pour la poignée et l'autre pour la garde.

Le seigneur

Le dossier du trône est une grande valve de couteau, et son siège une petite valve plate d'huître fixée au tiers inférieur du dossier. Pour le buste, un coquillage exotique effilé est collé par son apex sur le siège. Trois grosses valves de moules constituent la jupe; d'autres plus petites sont fixées à l'intérieur pour combler les vides. La veste est faite de deux valves de moules collées entre le buste et le dossier. Les bras sont des nasses variables, les avant-bras des turritelles, la tête une porcelaine exotique. Les yeux sont des péristomes, de même que les mailles du collier agrémenté d'un oursin pois en pendentif. Les moustaches sont deux pinces de crabe. Le col relevé très haut est un morceau de balane; le chapeau est une balane entière.

Les bâtiments

La maison

Composition

- environ deux cents valves de moules pour les murs
- environ trente valves de couteaux (trois pour le chambranle de la porte, le reste pour le toit)
- une valve de mye pour la porte, quatre cérithes pour les ferrures et une littorine obtuse pour le bouton
- vingt dentales pour les fenêtres et seize valves de tellines roses pour les rideaux
- six valves de donaces (deux pour le seuil de la porte et une pour chaque appui de fenêtre)

Dimensions

Façade Largeur au sol (20 cm) × hauteur (8 cm)
Pignons - Largeur au sol : 12 cm
- Hauteur jusqu'au faîte du toit : 15 cm
- Hauteur jusqu'au sommet de la cheminée : 16,5 cm

Fenêtres Largeur (3 cm) × hauteur (3,5 cm)
Hauteur par rapport au sol : 3 cm
Porte Largeur (3 cm) × hauteur (5,5 cm)

Réalisation

Les différentes parties de la maison doivent être montées à plat. Vous pouvez dessiner un plan grandeur réelle de chacune d'elles et travailler en positionnant les coquillages dessus.
Commencez par construire les fenêtres. Il y en a deux sur la façade avant et deux sur la façade arrière. Pour le cadre, assemblez trois dentales et fixez l'ensemble sur une valve de donace qui représente l'appui de fenêtre. Collez dans le cadre deux dentales assemblés en croix. Fixez les deux tellines roses des rideaux derrière le cadre, le côté bombé vers l'extérieur. Pour les briques, choisissez des valves de moules, toutes d'un même côté. (On peut construire un mur avec des valves droites et un autre avec des valves gauches.) Assemblez-en une rangée, le creux à plat sur le plan de travail, l'extrémité large de l'une recouvrant la pointe de la précédente. Montez par- dessus une deuxième rangée, les pointes dirigées en sens contraire de

Il est aussi possible de construire les murs à la verticale, en empilant des valves de moules. Il vous en faudra un plus grand nombre mais les murs seront plus épais et la maison plus solide. Ici, on a aussi décoré les chambranles de la porte et de la fenêtre avec des valves de donaces.

la première. Continuez ainsi jusqu'à obtenir la hauteur voulue. Quand la façade est terminée, collez dans le chambranle la valve de mye agrémentée des ferrures et du bouton.
Lorsqu'ils sont bien rigidifiés, assemblez les murs verticalement en collant des moules entières à l'intérieur, dans chaque coin, la pointe en haut et le bord ventral contre l'angle des murs. Cette opération consolide l'ensemble et bouche les vides particulièrement nombreux aux angles des murs.
Réalisez ensuite chaque côté du toit séparément, en assemblant côte à côte des valves de couteaux. (N'oubliez pas d'en placer des plus courtes aux extrémités se trouvant sous la cheminée.) Pour assembler les deux côtés, il est préférable d'utiliser un patron. Découpez-le dans du carton en prévoyant une longueur supérieure à celle du toit afin de pouvoir le manipuler plus aisément. Pliez-le selon la bonne inclinaison et maintenez-le en forme avec du ruban adhésif *(voir croquis)*. Placez les deux versants en coquillages sur chacun des côtés du patron et assemblez-les en collant sur l'arête des valves de couteaux représentant les tuiles faîtières. Pendant le séchage, vérifiez que le toit ne colle pas au patron. Quand il s'est rigidifié, glissez-le du patron sur les murs où vous le collerez.

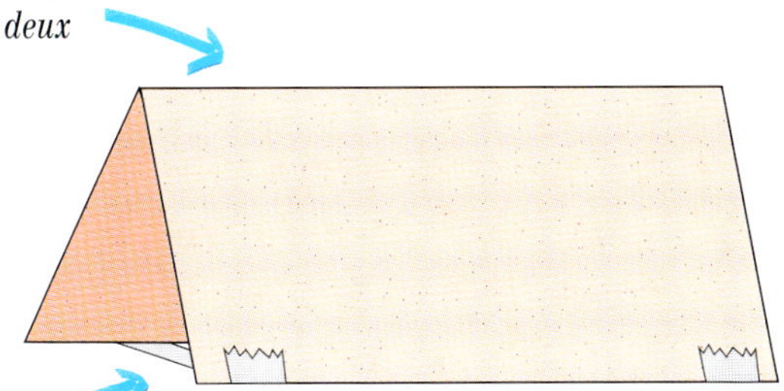

Pour que l'ensemble soit bien solide, n'hésitez pas à le laisser sécher vingt-quatre heures. Retournez alors la maison et, de l'intérieur, bouchez les plus gros vides subsistant entre les coquillages avec des petites valves de moules.

La maison vue de l'intérieur. Attendez que la colle soit bien sèche et l'ensemble rigidifié pour le retourner. Pour combler les vides entre les coquillages, on peut alors coller des petites valves de moules à l'intérieur.

Le phare

Composition

- un morceau de couteau et trois dentales pour le chambranle de la porte
- six petits dentales pour la porte et une hydrobie pour la poignée
- trente dentales pour les fenêtres
- environ cent vingt nasses pour les murs
- cinq ou six fossiles de coraux (ou autant de dentales), une douzaine de littorines obtuses jaunes, sept dentales, sept valves de donaces, une anomie, un petit troque cendré et une arête, pour la lanterne
- six cérithes pour la mouette
- une douzaine de valves de bucardes (noires de préférence) pour l'îlot
- une douzaine de dentales, seize cérithes et quelques troques cendrés pour l'escalier

Dimensions

Hauteur de la tour sans l'antenne : 17,5 cm
Diamètre de la tour : 5,5 cm

Réalisation

Contrairement à *la maison* des pages 42 et 43, ce phare ne peut pas se réaliser à plat. Par contre, la plupart des coquillages utilisés sont robustes, en particulier les nasses.

Préparez tout d'abord la porte et les fenêtres. Pour réaliser le chambranle, collez deux dentales, la pointe en haut, à chaque extrémité d'un morceau de couteau ; fixez un dentale horizontal sur les deux précédents. Fermez la partie inférieure du cadre ainsi obtenu avec quatre petits dentales collés tête-bêche. Dans la partie supérieure, fixez un croisillon composé de deux dentales assemblés en croix. Collez la poignée.

Il y a deux fenêtres au-dessus de la porte et trois de l'autre côté du phare. Pour chacune, fabriquez un cadre en assemblant quatre dentales, la grosse ouverture de l'un contre la pointe du suivant. Fixez un croisillon à l'intérieur, comme sur la porte. Le mur est constitué de nasses de toutes les tailles (treize rangées de six à huit). Collez les plus grosses horizontalement, la pointe de l'une contre l'ouverture de la suivante. Placez la porte et les fenêtres au fur et à mesure. Comblez les vides entre les briques en collant des petites nasses sur le mur.

Pour la lanterne, formez avec les fossiles de coraux un cercle du même diamètre que le sommet de la tour. Réalisez un cercle identique avec les littorines obtuses. Reliez ces deux couronnes avec les sept dentales collés verticalement, la pointe en haut, puis placez entre eux les valves de donaces, le creux vers l'extérieur. Chapeautez le tout avec l'anomie, face bombée vers le haut, surmontée du troque cendré, puis de l'arête qui représente l'antenne. Ajoutez une mouette réalisée en cérithes. Pour réaliser l'îlot, placez d'abord trois valves de bucardes, verticalement, sous le phare maintenu par des étais en pâte à modeler. Quand l'ensemble est solidifié, placez les bucardes restantes. Collez les dentales pour les marches de l'escalier, puis les cérithes pour la rampe. Disposez les troques cendrés de part et d'autre de l'escalier.

Les nasses composant le mur du phare sont disposées avec une certaine liberté, ce qui accentue le caractère rustique de l'ensemble. La blancheur des dentales, l'aspect nacré de l'intérieur des donaces et de l'anomie, ainsi que le jaune des littorines obtuses donnent à la lanterne une certaine luminosité. On a ajouté un gardien fumant la pipe (une hydrobie fixée au bout d'un morceau d'arête). Le petit voilier est expliqué page 39.

Un mur de château

Ce pan de mur peut servir de décor aux personnages fantastiques ou chevaleresques présentés dans ce livre. Vous pouvez aussi reprendre son principe d'assemblage très simple pour édifier toutes sortes de constructions que vous doterez, à votre gré, de portes, de fenêtres ou de meurtrières.

Composition

- environ cent soixante nasses
- une valve d'huître, deux pinces de crabe et deux phasianelles minuscules pour le trophée de chasse

Réalisation

Pour obtenir le premier rang de cette construction particulièrement rectiligne, posez les nasses à plat, ouvertures contre le plan de travail, serrées l'une contre l'autre, la pointe de l'une collée sur la précédente. Pour les rangs suivants, les coquilles sont toujours disposées dans le même sens, mais en quinconce. Pendant que la colle des premiers rangs durcit, construisez le chambranle de la porte en assemblant les nasses de la même façon, mais en suivant au sommet une ligne arrondie pour créer la forme du plein cintre. Montez aussi, toujours de la même manière, le petit pan de mur destiné à assurer l'équilibre de l'ensemble. Fixez le chambranle à ce petit mur et aux premiers rangs du grand : les deux murs doivent être à angle droit. Terminez le mur principal. Comblez les vides qui apparaissent dans l'angle et autour de la porte avec des nasses petites ou en morceaux.

Le trophée de chasse est composé d'une coquille d'huître dont il faut soigneusement choisir la forme. Les armes sont composées de deux pinces de crabe pour représenter les cornes et de deux phasianelles pour les yeux. Le rouge de ces dernières donne au trophée une allure de décor fantastique issu d'un film de Cocteau.

Le moulin

Composition

- environ cent quatre-vingts valves de lavignons pour les murs
- une patelle et environ soixante-dix valves de pétoncles (dont quinze pour la sortie de l'axe des ailes et sa lucarne d'accès) pour le toit
- environ quatre-vingt-huit grandes plaques d'anatifes, douze valves de couteaux et deux troques mages pour les ailes
- trois valves de couteaux pour le chambranle, une valve de mye pour la porte, quatre cérithes pour les ferrures et une littorine obtuse pour la poignée
- pour chaque fenêtre : cinq dentales pour le cadre, une valve de petit couteau pour l'appui et quatre valves de petites anomies (ou une seule grosse) pour les vitres
- un dentale et une valve de donace pour le drapeau
- deux valves d'huître et une dizaine de valves de donaces pour l'escalier
- quatre grands couteaux pour la perche

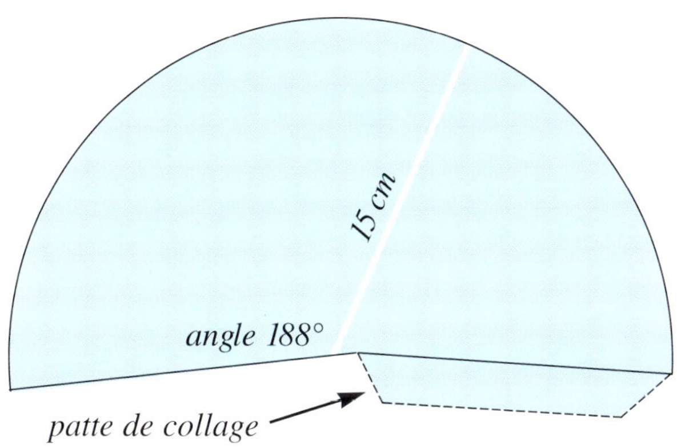

Dimensions

Mur	Hauteur (22 cm) × diamètre (16 cm)
Toit	Hauteur : 13 cm
Fenêtres	Largeur (2 cm) × hauteur (3 cm)
Porte	Largeur (5 cm) × hauteur (7 cm)
Escalier	Hauteur : 2,5 cm
Aile	Longueur (18 cm) × largeur (4 cm)

Réalisation

Réalisez la porte et les fenêtres. Décidez du nombre de fenêtres souhaité que vous répartirez tout autour du moulin, à des hauteurs différentes. Pour construire le mur, découpez un disque de 8 cm de rayon dans du carton ondulé. Collez tout autour des valves de lavignons, en les plaçant verticalement. Le mur du modèle photographié est constitué de douze rangées de quinze valves. (La coquille de lavignon est mince et légère, donc fragile, mais elle est relativement plate, ce qui permet de monter un mur bien droit. Chaque valve étant symétrique par rapport au crochet situé presque au centre, on peut mélanger des valves droites et des valves gauches.) N'oubliez pas d'intercaler la porte. Aux rangs suivants, placez les valves en quinconce, les unes au-dessus des autres. Malgré la légèreté des valves de lavignons, il est parfois nécessaire de les étayer avec des baguettes de bois ou des bandes de carton. Vérifiez régulièrement la verticalité du mur. Pensez à réserver des ouvertures pour les fenêtres que vous pouvez coller au fur et à mesure du montage du mur, ou une fois celui-ci achevé. Ne vous inquiétez pas des trous qui peuvent apparaître entre les valves ou autour des ouvertures : vous les comblerez à la fin, avant de commencer le toit, en collant des petites valves à l'intérieur de la construction.

En vous aidant du croquis ci-contre, dessinez le patron du toit sur du carton, découpez-le et collez-le en forme de cône. Essayez-le sur le moulin et ajustez-le si cela est utile. Réalisez le toit comme le mur, mais avec des valves de pétoncles placées verticalement contre le patron, comme cela est montré sur la photographie de la page 48. (Il est rarement nécessaire de casser les oreilles des pétoncles.) Réservez un passage pour l'axe des ailes. Collez une patelle au sommet du toit.

Construction du toit : le patron est fixé dans un trou circulaire découpé dans du carton ondulé qui retient les valves de pétoncles. Les bandes de carton sont des étais que l'on ôtera une fois que l'ensemble sera rigide.

Pour l'axe des ailes, assemblez bord à bord quatre valves de couteaux d'une longueur égale au diamètre du moulin, de manière à obtenir un cylindre. A l'une des extrémités de celui-ci, fixez un troque mage, l'apex vers l'intérieur. *(Voir la photographie ci-dessous.)* Glissez le cylindre dans l'ouverture du toit et collez-le. Ajoutez quelques valves de pétoncles autour de cette ouverture ou construisez une petite fenêtre en chien-assis.

L'axe des ailes est constitué de quatre valves de couteaux assemblées en forme de cylindre. Les ailes seront fixées sur le troque collé à l'une des extrémités de cet axe.

Choisissez pour les ailes des plaques d'anatifes toutes d'un même côté. (Vous pouvez aussi utiliser des plaques droites pour deux ailes opposées et des plaques gauches pour les deux autres.) Collez-les deux par deux, le creux contre le plan de travail, en formant ainsi onze rangées. Choisissez deux valves de couteaux d'une longueur supérieure de 4 à 5 cm à l'aile en anatifes. Assemblez-les, ouvertures du même côté, en les faisant légèrement se chevaucher. Retournez l'aile en anatifes, ouvertures vers le haut, et collez le support en couteaux dessus. Confectionnez trois autres ailes semblables. Assemblez les quatre ailes par les extrémités de leur support en couteaux dépourvue d'anatifes, puis collez un troque mage au centre de l'ensemble. Couchez le moulin sur le plan de travail, l'axe des ailes sur le dessus, et calez-le. Placez les ailes sur l'axe, sans les fixer, et soutenez-les avec des grands étais (boîtes, livres...) : les deux troques mages doivent être alignés de part et d'autre des couteaux qui soutiennent les ailes. Choisissez bien la position des ailes et collez-les.

Quand l'ensemble est solide, retournez le moulin. Réalisez l'escalier en assemblant des valves de donaces pour les marches et en plaçant une valve d'huître de chaque côté de celles-ci. Collez le drapeau sur la hampe et plantez le tout sur le toit. Ajoutez la perche avec laquelle le meunier faisait pivoter le toit du moulin pour placer les ailes face au vent : elle est composée de quatre grands couteaux. Pour faciliter le transport de l'objet, vous n'êtes pas obligé de la fixer au toit.

Détail des ailes montées sur le moulin vu de profil. Ici, pour dissimuler le passage de l'axe des ailes, on a construit une petite fenêtre en chien-assis avec des valves de pétoncles.

Le blanc naturel des lavignons convient fort bien pour représenter les blancs moulins de la Manche combattus par Don Quichotte.

La tour

Composition

- environ quatre cents nasses pour les murs
- trois valves de couteaux pour le plancher de la tour
- cinq dentales pour la fenêtre en ogive
- un morceau de coquillage pour l'étendard et dix cérithes pour la hampe

Dimensions

Hauteur de la tour : 20,5 cm
Diamètre de la tour : 8,5 cm

Réalisation

Pour les murs, couchez les nasses sur le côté, contre le plan de travail, l'ouverture de l'une recouvrant la pointe de la précédente (sauf sur le premier rang où, pour équilibrer l'ensemble, les pointes touchent le sol). Cela donne à la construction un caractère plus rustique que pour *un mur de château*, page 46. Les créneaux sont des nasses collées sur l'extérieur des murs, entre deux nasses constituant ceux-ci, la pointe vers le bas. Assemblez les dentales en forme d'ogive, puis fixez-les dans une ouverture réservée dans le mur. Pour réaliser la hampe de l'étendard, collez les cérithes bout à bout. Au sommet de la tour, sous le troisième rang de nasses, fixez le plancher en valves de couteaux.

Sœur Anne

Composition

- un cormaillot pour le buste
- une porcelaine pour la tête
- six crépidules de taille décroissante pour la jupe
- deux petites nasses pour les bras et deux cérithes pour les avant-bras
- une turritelle et trois morceaux de dentales pour le hennin

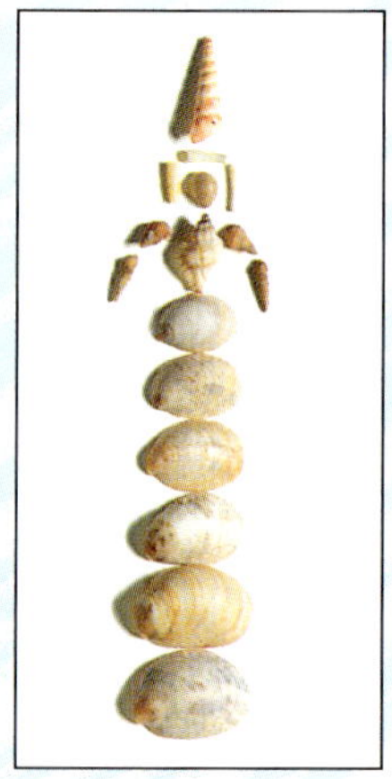

Réalisation

Collez la porcelaine sur l'apex du cormaillot. Pour faciliter ce montage, vous pouvez placer une rondelle de dentale entre les deux coquillages. *(Voir l'astuce de collage n° 1, page 30.)* Assemblez les six crépidules l'une sur l'autre, comme dans les amas que l'on trouve sur la plage, en plaçant la plus grande en bas. Quand l'ensemble est bien rigide, fixez le buste dessus, l'ouverture du cormaillot placée dans le dos du personnage et tournée vers le bas. On peut éviter d'étayer le personnage pendant le temps de séchage en le couchant sur le plan de travail. Ajoutez les bras, dont la position donnera son expression à *sœur Anne*. Fixez le hennin sur la tête et encadrez-le avec les trois morceaux de dentales qui représentent le voile.

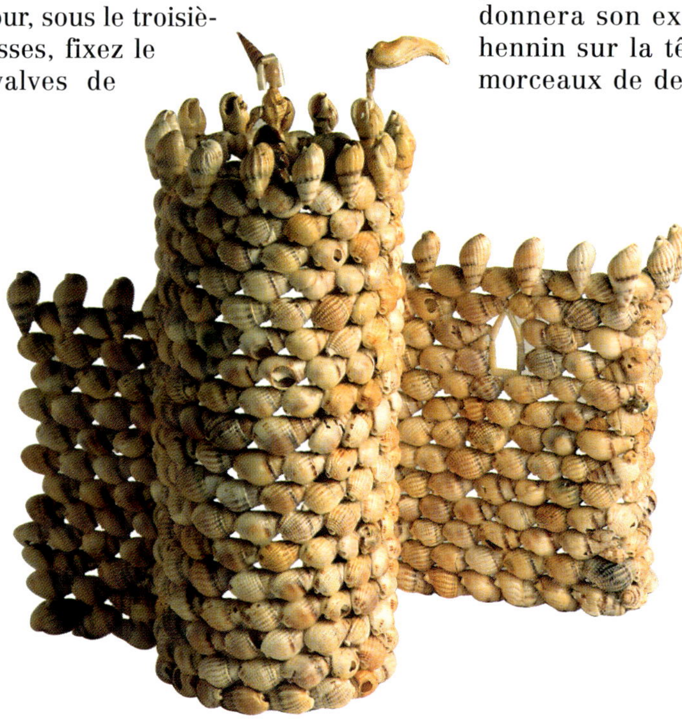

Vue de la tour et de ses remparts.
Sœur Anne *se tient sur le plancher fixé au sommet de la tour.*

Les Grands Méchants Loups

Rencontre n° 1

Le Grand Méchant Loup et le Petit Chaperon rouge

Le cou du *loup* est un buccin très usé. Deux valves plates d'huîtres représentent la gueule. On y a fixé des cérithes pour les dents, avec des grandes pinces de crabe pour les canines. Entre elles, la langue est un morceau étroit de coquille d'huître, poli par la mer. Les yeux sont des cylichna. Surmontant le tout, se dressent deux restes de nasses noires pour les oreilles. Le thorax est un coquillage exotique. Il faut quatre grosses nasses pour les bras et trois autres pour la queue. Neuf dentales ont été utilisés pour les bretelles, reliées entre elles, dans le dos, par un tout petit péristome. Trois boutons - des oursins pois - les retiennent au pantalon. Ce dernier est composé de deux restes de buccin. Les pieds sont deux valves de donaces.

Tous ces coquillages ont été choisis dans des teintes assez sombres. Pour le *Petit Chaperon rouge*, il faut une vingtaine de valves de pétoncles orangés : deux pour le chaperon (l'une sur la tête; l'autre, plus grande, sur les épaules) et le reste pour la robe corolle. Construisez un cône avec cinq valves. Assemblez une deuxième rangée de valves sous la première. Dans la corolle ainsi obtenue, placez une valve horizontale, la partie bombée vers le haut : elle permettra de fixer les jambes, composées chacune d'un dentale. Les bras, comme les pieds, sont des nasses, le buste un coquillage exotique, les avant-bras des cérithes, la tête une porcelaine et le cou un péristome. Ce *Chaperon rouge* est le seul à avoir un cou représenté, même s'il ressemble à un foulard : le caractère massif du buste est destiné à donner au personnage l'allure d'une petite fille mais le cou affine toutefois la silhouette. Le panier, une crépidule, est rempli d'une littorine obtuse et d'un oursin pois. Son anse est un péristome.

Rencontre n° 2

Rencontre sur la lande avec un effroyable Grand Méchant Loup

Cette fois-ci, les coquillages choisis pour le *loup* sont franchement noirs. La tête diffère de celle du précédent par ses yeux qui sont des phasianelles minuscules d'assez bonne taille. Les oreilles sont des nasses entières. Le corps est un buccin avec, posé sur sa pointe, le reste d'un autre buccin fermé par une coque.
Lors de cette rencontre n° 2, le *Petit Chaperon rouge* ressemble plus à une jeune femme. Son buste est un cormaillot ; son chaperon se compose de deux valves d'anomie de teinte violacée. Dix-sept patelles empilées constituent sa jupe. Le tout est penché vers l'arrière pour exprimer la frayeur.

FAUT-IL PLACER LES PERSONNAGES SUR UN SOCLE ?

Les personnages gagnent en finesse quand on peut éviter de les munir d'un socle. Si celui-ci est nécessaire à leur équilibre, choisissez-le avec soin pour qu'il s'intègre à l'ensemble ou qu'il s'efface devant le sujet principal.

RÈGLE DES TROIS POINTS D'APPUI

Trois points d'appui assurent un équilibre stable, et ce, d'autant plus qu'ils sont éloignés les uns des autres. Si vous en prévoyez davantage, commencez par en fixer trois. Attendez le durcissement complet, puis ajoutez les autres en profitant de ce que la colle est encore malléable pour les laisser glisser jusqu'au plan de travail.
Avec deux points d'appui, même bien placés, un objet est en équilibre instable et risque de chuter. Pour éviter ce désagrément, ajoutez un troisième point d'appui, une canne par exemple.

En donnant un autre point d'appui au loup, la canne en assure l'équilibre. De cette manière, un socle n'est pas nécessaire.

Rencontre n° 3

Vieux Grand Méchant Loup très élégant abordant un Petit Chaperon rouge

Ce *Vieux Loup élégant* se distingue par la teinte claire des coquillages qui le composent, bien que ses oreilles restent noires. Ses yeux sont des péristomes dont l'un est collé au fond d'une calyptrée représentant un monocle. Le chapeau est constitué d'un péristome surmonté d'une natice. Avez-vous remarqué combien la gueule est différente d'un loup à l'autre, bien qu'elle soit toujours réalisée avec des valves de coquilles d'huîtres ? Le corps est une grosse nasse, les avant-bras des scalaires (tout comme les cuisses), les mollets sont des dentales qui pourraient aussi représenter des bottes. Un morceau d'huître polie couvre le dos.
Le *Chaperon* ressemble fort à celui de la première rencontre. Pour le chaperon, on a utilisé des tellines de Baltique. La jupe comprend une dizaine de valves de tellines roses et cinq de petits pétoncles orangés. C'est le seul *Chaperon* de ces six pages qui ait un vêtement comportant deux sortes de coquillages. Cette petite fille a l'air toute simple et innocente.

Ce loup aux yeux exorbités, en extase devant une minijupe, nous plonge dans l'univers du dessin animé.

Le mouvement des bras et le relèvement de la jupe vers l'arrière, comme pour une révérence, donne l'impression que cet insolent Chaperon rouge *tire la langue au pauvre* loup.

Rencontre n° 4

Minijupe et longues canines
Hommage à Tex Avery

C'est le plus blanc des loups, mais toujours avec deux nasses noires pour les oreilles. Les deux troncatures de troques des yeux sont, aussi, de teinte sombre. Parmi tous nos *Grands Méchants Loups*, c'est celui-ci qui a la gueule la plus grande ouverte. Le corps est un coquillage exotique.
La minijupe du *Chaperon* est représentée par une littorine obtuse et le chaperon par deux valves déformées de pétoncles roses. Chaque pied est chaussé d'un mangelia avec une rissoïne pour le talon.

Rencontre n° 5

Ex-Grand Méchant Loup et vilain Petit Chaperon rouge

Ce *loup*, devenu bien vieux, est obligé de se déplacee dans un chariot. La coquille constituant la gueule est particulièrement irrégulière. L'un des yeux est un péristome ; l'autre, fermé, est un oursin pois. Les jambes n'ont plus qu'une nasse chacune et la queue seulement deux. Les avant-bras sont des scalaires. A l'extrémité de l'un d'eux est collée une calyptrée servant de sébile.
Face à ce pitoyable mendiant, voici un *Petit Chaperon rouge* plein d'entrain. Le corsage est un brelin. Sur les épaules, on a fixé une grande valve de pétoncle operculé de teinte violacée, presque horizontalement et la partie creuse tournée vers le haut. Sur la tête, on a posé une petite valve de pétoncle variable de même teinte, la partie bombée vers le haut. Pour réaliser la jupe, collez en rosace cinq valves de pétoncles orangés, à plat, le creux sur le plan de travail. Quand l'ensemble est solidifié, fixez les jambes à l'intérieur, puis ajoutez, tout autour et en dessous, cinq ou six autres valves qui compléteront la jupe, consolideront la position des jambes et assureront une vue de dos plus élégante.

Rencontre n° 6

Au-delà du miroir...

Les yeux du *loup* sont deux petits actéons. Il faut quatre scalaires de teinte sombre pour les bras et deux pour les jambes. Les cuisses sont des nasses. Le thorax est un coquillage exotique. Le chapeau à la mousquetaire est constitué d'une valve bombée d'anomie au creux de laquelle est collée une troncature de troque. Deux morceaux arrondis de gastropodes constituent un panache qui vole au vent. Le socle est une valve de mactre épaisse dont les décorations concentriques soulignent le mouvement de la révérence.

Sa jupe – composée d'une quinzaine de valves de tellines roses –, plus importante et plus colorée que sur les autres modèles, ainsi que sa coiffure en pince de crabe transforment ce *Chaperon* en une paysanne ou en une fillette de l'Ancien Régime. Son corsage est plus distingué : c'est un coquillage exotique. Sur ses épaules, son chaperon, constitué d'une valve de pétoncle operculé de teinte rouge violacé, est plus vif. Enfin, le morceau de coquille d'huître noire et polie qui sert de socle lui donne une apparence moins naïve que le socle blanc de la fillette abordée par le *Loup élégant* de la page 56.

Le miroir en forme de rectangle curviligne est composé de dentales de teinte jaune. Pour le fabriquer, travaillez à plat sur le plan de travail. Assemblez les dentales, le gros bout de l'un collé au petit bout du suivant. Le miroir est relié aux montants par un péristome fixé de chaque côté.

Même avec un personnage assis sur une chaise, il faut surveiller l'équilibre. Les coquillages lourds composant le loup psychanalyste *peuvent entraîner une chute !*

Rencontre n° 7

De la psychanalyse des contes de fées...

Fabriquez d'abord les sièges. Pour le fauteuil du psychanalyste, assemblez deux montants composés chacun de deux dentales collés gros bout contre gros bout. Posez à plat une valve de pétoncle, son creux contre le plan de travail : ce sera le dossier. De chaque côté de celui-ci, fixez les deux montants précédemment réalisés, les parties débordantes constituant les deux pieds arrière du fauteuil. Reliez-les par deux dentales collés en haut et en bas du dossier. Placez une seconde valve plus petite, verticalement, la partie bombée vers le dossier, les charnières des deux valves se touchant : ce sera le siège. Encadrez-le de trois dentales. Placez les accoudoirs. Collez les deux pieds de devant. *(Voir les conseils donnés à propos de l'équilibre et des points d'appui, page 55.)*

Le divan où repose le *Petit Chaperon rouge* est un meuble du même style que le fauteuil. Préparez deux montants composés chacun de deux dentales collés gros bout contre petit bout. Reliez-les avec un autre dentale. Placez deux valves de pétoncles se chevauchant : l'une collée sous l'extrémité fermée de ce rectangle incomplet ; l'autre au-dessus de l'extrémité ouverte. Fixez les pieds aux quatre coins. Le dossier comporte deux valves de pétoncles assemblées côte à côte et sur la valve du siège, charnière contre charnière. Encadrez ce dossier de trois dentales. Ajoutez les accoudoirs dont la longueur est la moitié de celle du divan.

Les yeux de ce *loup* sont des phasianelles. Devant eux sont collés côte à côte deux péristomes pour figurer un binocle. Comme pour le *loup* de la *Rencontre n° 3* (page 56), les dents ne sont pas très importantes. Le personnage est doté d'une pipe : un cérithe pour le tuyau et un actéon pour le fourneau. Le corps est une nasse. Il faut quatre scalaires pour les bras et deux pour les cuisses. Les jambes sont des petites turritelles. Il est préférable de monter d'abord les cuisses et la tête sur le corps, puis de fixer l'ensemble sur le fauteuil, avant d'ajouter les jambes et les bras.

La jupe du *Chaperon* est une valve bombée d'huître à peine polie par la mer et possédant encore des stries concentriques écailleuses rappelant les plis des vêtements. Glissez les jambes dessous avant de la coller sur le divan.

Les sorcières

Ces personnages sont composés de coquillages aux teintes plutôt sombres, bruns et même noirs. Il est préférable qu'ils soient un peu vieux, érodés et percés de trous. Pour chacune des sorcières, les bras sont des nasses, les avant-bras des turritelles et les doigts des pinces de crabe. Leur visage est un morceau de porcelaine méditerranéenne dont il ne reste que le tour et qui sera comblé par les différents détails.

Ces humains sont les seuls, avec Don Quichotte, pour lesquels les visages ont été représentés avec soin. L'intérieur de la bouche, les dents, la langue, le nez, les yeux et les sourcils sont traités avec un grand souci de détail.
L'intérieur de la bouche est figuré par un morceau de coquillage nacré. Un péristome représente la langue et les gencives sur lesquelles des petits morceaux de coquillages représentent les dents encore en place.

Le nez, de préférence coudé pour les sorcières et même suffisamment crochu pour devenir le bec d'un rapace, est composé d'un morceau de vermet ou d'un bord d'ouverture de porcelaine méditerranéenne. Il est souvent garni d'une verrue représentée par une minuscule littorine des rochers ou un bébé natice.

Les yeux sont deux morceaux ronds et creux, le creux pouvant être tourné vers l'extérieur ou vers l'intérieur. Ils sont souvent surmontés d'épais sourcils (ici un morceau de cormaillot et un morceau de pholade).

Pour la chevelure, sélectionnez une énorme quantité de petites turritelles de cérithes. Vous pouvez aussi vous contenter d'un amas de balanes ou d'une valve d'anomie sur laquelle se sont fixés des vermets.

Très souvent ce sont des morceaux de coquillages qui ont été utilisés. Ceux dont vous disposez ne leurs sont pas toujours identiques. Il vous faut travailler en fonction de votre capital. Ces sorcières que nous vous proposons sont de précieux modèles, mais il ne faut pas chercher à les copier servilement. Laissez-vous guider par votre imagination et vous réaliserez les chefs-d'oeuvre de vos rêves. Nous vous le souhaitons...

Glossaire

Apex — Chez les gastropodes, pointe où a commencé la fabrication de la coquille, il est situé à l'arrière.

Bivalves — Coquillages dont la coquille est composée de deux valves, comme la moule ou l'huître.

Charnière — Partie d'un bivalve qui permet aux deux valves de s'articuler entre elles (jointure).

Columelle — Axe de la coquille d'un gastropode. Ce terme est très souvent utilisé dans cet ouvrage pour désigner la partie centrale de cette coquille restant après l'érosion par la mer

Crochet — Pointe au sommet de chaque valve d'un bivalve. Correspond à l'apex d'un gastropode.

Dos, bord dorsal — Chez les gastropodes, partie opposée à l'ouverture. Chez les bivalves, bord où se trouvent éventuellement le crochet, le ligament et la charnière.

Gastropode — Coquillage dont la coquille s'enroule en spirale, comme l'escargot ou le buccin. On dit aussi gastéropode.

Oreilles — Excroissances situées de part et d'autre de la charnière de chacune des valves de certains bivalves, comme le pétoncle.

Ouverture — Partie de la coquille d'un gastropode par laquelle sort l'animal, elle est située à l'avant.

Péristome — Bord de l'ouverture de la coquille de certains gastropodes.

Valve — Chacune des deux parties de la coquille d'un bivalve.

Ventre, bord ventral — Chez les bivalves, partie opposée au dos.